Paul Rabaut

L'APOTRE DU DÉSERT

* *

SCEAU DE L'ÉGLISE DU DÉSERT

PARIS
LIBRAIRIE FISCHBACHER
33, RUE DE SEINE, 33

—

MCMXVIII

Tous droits réservés.

PROPAGANDE

Prix de l'exemplaire rendu *franco* par poste 1.25
Cinq exemplaires *franco* à la même adresse 5
Dix — — — 9
Vingt — — — 17
Cinquante — — — 40

Pour recevoir *franco* des exemplaires, il suffit d'adresser une demande à la LIBRAIRIE FISCHBACHER, 33, rue de Seine, Paris, en ajoutant à la demande un mandat-poste, montant du prix des exemplaires, en le mettant au nom de la LIBRAIRIE FISCHBACHER.

PAUL RABAUT

PORTRAIT DE PAUL RABAUT

PAUL RABAUT

L'APOTRE DU DÉSERT

Discours prononcé au Temple de l'Oratoire

LE DIMANCHE 27 JANVIER 1918

PAR

FRANK PUAUX

Président de la Société de l'Histoire du Protestantisme français

PARIS

LIBRAIRIE FISCHBACHER

33, RUE DE SEINE, 33

—

1918

Tous droits réservés.

COUPES DE COMMUNION DU DÉSERT

Messieurs & chers freres

Je me fais un vrai plaisir de répondre a votre obligeante Lettre. Beni soit Dieu qui a brisé les chaines de votre esclavage, & qui a dirigé les choses de manière, que nous pouvons le servir sans crainte & sans empechement. La route à suivre pour vous procurer une maison [de prière] n'est pas bien difficile. D'abord il faut [jetter les] yeux sur un endroit convenable, en [sorte] qu'il ne soit pas trop proche de l'église, qu'on n'ait pas lieu de se plaindre [que le] chant des [psaumes] trouble leur exercice Religieux. Le local choisi, vous pouvez vous adresser a vos magistrats municipaux pour qu'ils accordent leur consentement. La moindre difficulté qu'ils fassent, vous recourez a messieurs du departement, ou seulement du district. J'espere que vous ne trouverez que peu ou point de difficultés. En tout cas vous avez a vallon des personnes éclairées qui vous aideront de leurs lumières. Dieu veuille Benir vos personnes, vos familles, votre Eglise, votre Pasteur. Je suis véritablement

Messieurs & chers freres
Votre devoué
Paul Rabaut
Pasteur du désert

LETTRE DE PAUL RABAUT

PAUL RABAUT

L'APOTRE DU DÉSERT

« Dieu a choisi ce qui est faible selon
le monde pour confondre les forts. »

(1 *Corinthiens* I, 27.)

Mes Frères,

« La vie d'un homme de Dieu est aussi une parole de Dieu. » La vérité de cette réflexion d'un penseur chrétien n'est pas toujours comprise, comme elle devrait l'être dans nos Eglises. La Réforme française a condamné, non sans de sérieuses raisons, le culte des saints comme une atteinte au culte en esprit et en vérité et un manquement à la majesté divine. Mais entre un culte qui commande sinon l'adoration du moins la prière et la communion des saints, dont nous reconnaissons, avec les plus antiques symboles des Eglises chrétiennes, la réalité, nous constatons une différence dont nous devons savoir apprécier la valeur religieuse.

Nous en prendrons conscience, en ce jour, par la célébration du deuxième anniversaire séculaire de la naissance de Paul Rabaut, cet homme de Dieu, qui mérita d'être appelé l'apôtre du

*

Désert, alors que nos Églises étaient sous la croix. Ainsi remplirons-nous un devoir sacré de reconnaissance envers Dieu qui suscita un tel défenseur de l'Evangile, choisissant « celui qui était faible suivant le monde, pour confondre les forts ».

Le passé de nos Eglises, malheureusement si peu connu, alors qu'il est si digne de l'être, peut donner des enseignements que réclament les temps sérieux et graves que nous traversons. Jamais il ne parut si nécessaire de nous pénétrer de cet esprit de courage, de patience et de foi qui animait ceux qu'un monde hautain méprisait, mais à qui était réservée la victoire dernière sur la force orgueilleuse. Pour en mesurer toute la grandeur, il est nécessaire de préciser la situation du protestantisme français aux premières années du dix-huitième siècle, afin de connaître sa faiblesse, suivant le monde, et la force de ceux qui avaient juré sa perte.

*   *

Le passé de nos Eglises est l'histoire d'un peuple chrétien qui, ne voulant pas mourir, déclare que les droits de la conscience ne se prescrivent jamais prêt, pour les défendre, à accepter tous les sacrifices. Parfois nous entendons dire qu'il serait plus sage, plus prudent de garder le silence sur ces jours de misères, de souffrances et de persécutions, et qu'il conviendrait « de laisser les morts ensevelir leurs morts ». Nous ne cèderons pas à de tels conseils. Pascal a écrit : « que les morts généreuses des Lacédémoniens ne nous touchent guère, car, qu'est-ce que cela nous apporte ? Mais l'exemple de la mort de nos martyrs nous touche, car ce sont nos membres ». Pensée aussi vraie dans sa profondeur que dans sa beauté. Nos martyrs et nos confesseurs sont les membres de notre famille spirituelle, famille toujours vivante, et nous ne laisserons pas les ombres mortelles du passé descendre sur un tel sanctuaire. Briser les liens sacrés qui nous unissent à leur mémoire serait douter de la destinée de nos Eglises qui, désormais sans ancêtres, pourraient demeurer sans postérité.

Mais notre parole devrait être condamnée, si elle descendait à des jugements passionnés contre les persécuteurs. Ce passé, avec ses violences et ses injustices, est mort; il doit revivre avec ses grandeurs et ses sacrifices.

Faible selon le monde, nulle parole ne peut, d'une manière plus saisissante, faire mieux comprendre l'état des Eglises protestantes de France, aux jours où Paul Rabaut décida de leur consacrer sa vie.

De ces nobles Eglises qui avaient eu pour fidèles des hommes aussi éminents par la piété que par le savoir, orateurs, savants, moralistes, hommes d'Etat, jurisconsultes, soldats, ne survivait, qu'un lamentable souvenir. Temples rasés, académies, collèges, écoles fermés, pasteurs proscrits, la grande tempête de la Révocation avait tout emporté. Dans une fuite éperdue, plus de quatre cent mille fidèles, le cœur brisé, étaient entrés dans la nuit de l'exil pour laisser vivre leur conscience.

Une législation de fer réglait la vie des protestants demeurés en France, devenus, comme on les appelait alors, des nouveaux catholiques, car nul ne pouvait professer d'autre religion que celle du roi. La force ne prétendait pas seulement créer le droit, elle se croyait maîtresse des convictions religieuses et voulait contraindre un peuple à renier ses croyances. Victimes des persécutions, ils n'avaient abjuré que des lèvres, portant le deuil de leurs libertés perdues et de leur religion proscrite. Aux violences, ils opposaient une résistance passive et, catholiques de nom, se refusaient à tout acte de catholicisme. Ils possédaient encore leurs bibles et, au culte de famille, chantaient toujours leurs vieux psaumes. Dans la nuit, ils se réunissaient, bravant toutes les défenses, pour célébrer leur culte. Telle était la faiblesse des restes de cette Eglise infortunée, faiblesse si grande que Louis XIV, à la veille de sa mort, croyait pouvoir se glorifier de l'avoir fait disparaître de son royaume pour toujours.

Jamais la force, mise au service de l'injustice, ne parut assurer plus complètement la victoire de l'intolérance. Toutes les puissances de ce monde, autorité royale, clergé, magistrature, armée étaient conjurées pour la perte de ceux qui tenteraient de résister à cette oppression des âmes. Les ennemis avaient fait le désert autour de ces héros de la conscience, et ils le savaient si bien que s'ils parlaient du culte des persécutés, ils disaient euxmêmes officiellement que c'était au Désert qu'ils le célébraient. Non pas le désert d'Afrique aux sables brûlants, terre de désolation et de mort, bouleversé par des tempêtes de feu, mais le désert moral, au sein même de la patrie. Là devaient vivre des milliers de chrétiens, proscrits de tous les emplois, condamnés à la mort civile, une loi impie refusant de reconnaître leurs mariages, sans cesse menacés dans leurs biens comme dans leur vie.

* *

Tel était l'état de nos Eglises au jour où Paul Rabaut décida de se consacrer à leur service. Nous ne possédons que de rares renseignements sur ses premières années, mais nous savons que, dès sa jeunesse, il alla au Désert, et que la parole ardente des prédicants fit naître sa vocation pour le ministère sous la croix. En tout temps, c'est une heure grave que celle où l'homme décide de sa vocation. Mais quelle tragique grandeur dans sa décision ! Nulle illusion n'était possible pour lui, et devenir pasteur du Désert, c'était faire le sacrifice de sa vie. Il connaissait cette terrible Déclaration royale qui ordonnait que tout prédicant arrêté fût mis à mort, et qui défendait à tous de lui prêter aide, asile ou secours, sous peine, pour les hommes, d'être condamnés aux galères à perpétuité et, pour les femmes, d'être rasées et enfermées dans le tombeau de la Tour de Constance, pour le reste de leurs jours.

Mais Paul Rabaut était pénétré de cet esprit, que son noble ami Antoine Court, le restaurateur du protestantisme français au XVIIIᵉ siècle, appelait l'esprit du Désert : esprit de mortification, de réflexion, de grande sagesse et surtout de martyre qui nous apprenant, écrivait-il, tous les jours à mourir à nous-mêmes, à vaincre et à surmonter nos passions, nous prépare et nous dispose à perdre courageusement la vie dans les tourments et sur un gibet, si la Providence nous y appelle ».

La foi est la créatrice des grandes œuvres, et c'est par un acte de foi que Paul Rabaut commença son redoutable ministère. Il fut choisi pour devenir l'aide d'un prédicant du Désert et devint, comme on disait alors, proposant : il s'était proposé pour annoncer la parole de Dieu. Désormais sa vie fut errante, suivant le prédicant de lieu en lieu. Pour se préparer à sa mission, il ne lui fut pas donné de se rendre, comme autrefois les étudiants de nos Eglises, dans une académie, et y recevoir les enseignements de savants professeurs.

C'est à la Bible qu'il demanda la direction de sa vie, mais il comprit la nécessité d'unir à la foi la science et quitta la France pour se consacrer aux études les plus sérieuses, au moins pendant quelques mois, dans le séminaire de Lausanne, fondé par Antoine Court, qui allait devenir le plus cher de ses amis, après avoir été le meilleur de ses maîtres. Consacré au saint ministère, il revint en France, désigné pour le service de la grande Eglise de Nimes dont rien ne devait le séparer.

* *

Esprit du Désert, esprit de haute sagesse, avait dit Antoine Court ; nul ne devait en être plus sérieusement pénétré que le jeune pasteur, car il n'avait pas encore atteint sa vingt-cinquième année. Rien de plus remarquable que la fermeté de ses principes, dès les premiers jours de son ministère. Il ne cessa de déclarer que jamais les Eglises ne retrouveraient leurs anciennes libertés par des mouvements de révolte, alors même qu'ils paraîtraient justifiés par les plus dures des persécutions. Les souvenirs de l'héroïque guerre des Camisards étaient toujours vivants dans la province, et l'on pouvait toujours craindre que le désespoir, de nouveau, armât les Cévennes. Mais la conviction que, par la seule patience, les persécutés désarmeraient les persécuteurs, dicta les conseils de sagesse qu'il donna à ses paroissiens. Son autorité était reconnue, et les Eglises regardèrent à lui comme au jeune chef qui devait les conduire à la victoire. On savait sa résolution inébranlable de résister à toutes les menaces comme à toutes les séductions, car ce n'était pas des lèvres qu'il disait avec l'apôtre : « Je ne fais cas de rien, et ma vie ne m'est pas précieuse ». « Quoi qu'il arrive, écrivait-il, je suis entièrement soumis aux ordres de la Providence. J'espère que Christ me sera gain à vivre et à mourir et que, si Dieu voulait m'appeler au martyre, il m'accorderait les secours nécessaires pour le souffrir non seulement avec patience, mais même avec joie. »

Paul Rabaut avait eu la vision très nette des dangers qui menaçaient les Eglises qui se relevaient à peine de leur ruine. Pour les surmonter, il était d'une absolue nécessité que, sous aucun prétexte, les fidèles fissent acte extérieur de catholicisme, ni pour les mariages, ni pour les baptêmes, ni dans aucun autre cas, quel qu'il fût. Ils ne devaient pas, par leur présence à la messe, tout en demeurant secrètement attachés à leurs croyances, laisser croire qu'il les avait abandonnées. Ne point avoir honte de l'Evangile était le devoir sacré.

Mais en ce jour qui évoque le souvenir du pasteur du Désert, écoutons sa parole, car dirons-nous avec l'Ecriture : Quoique mort, il parle encore.

« Jésus-Christ veut des disciples qui le préfèrent à tout, qui renoncent à eux-mêmes et qui se chargent de leur croix, pour le suivre. Il ne leur a pas dissimulé qu'ils seraient exposés à des souffrances, persécutés à cause de sa doctrine. Mais bien loin de leur insinuer le moins du monde qu'ils pussent se mettre à l'abri de la persécution, en faisant ce qu'exigeraient leurs persécuteurs, il leur dit au contraire que celui qui voudra sauver sa vie la perdra, c'est-à-dire que celui qui voudra conserver sa vie aux dépens de sa conscience, perdra la vie éternelle.

« S'il était permis de dissimuler en matière de religion, il faudrait avouer que les confesseurs et les martyrs, que cette nuée de témoins, que saint Paul nous donne pour modèles, n'ont été que des fanatiques et des insensés. Quelle folie, en effet, de sacrifier ses biens, sa liberté, sa vie, plutôt que de faire des démarches qui, n'étant pas criminelles, mettraient le salut en danger! Mais quel est le chrétien qui oserait tenir un langage aussi impie, aussi injurieux à la gloire du Seigneur? Qui ne sait que ses martyrs sont les colonnes de l'Eglise, la gloire du christanisme, les avocats de la vérité, et qu'une couronne immortelle leur est réservée par le chef et le consommateur de notre foi? Si quelqu'un doit être qualifié d'insensé, ce sont les tièdes et les timides qui craignent p'us ceux qui ne peuvent tuer que le corps, que celui qui peut précipiter le corps et l'âme dans la géhenne du feu, qui préfèrent le temps à l'éternité, les biens fragiles et périssables de cette vie à la gloire immortelle destinée aux fidèles soldats de Jésus-Christ...

« Nous espérons, nos très chers et bien aimés frères, que nos exhortations ne seront pas vaines et qu'après avoir commencé par l'esprit vous ne voudrez pas finir par la chair. Il est vrai qu'un orage formidable semble s'être formé sur vos têtes. Vos fortunes, vos libertés sont menacées ; vos enfants sont devenus pour vous des objets d'alarmes et d'effroi, il semble que le Seigneur veuille vous appeler aux sacrifices douloureux de vos affections les plus chères, et ce qui est mille fois plus redou-table pour de vrais chrétiens, vos consciences sont exposées aux combats les plus violents, elles seront peut-être réduites à la cruelle extrémité d'opter entre obéir à votre Dieu et obéir à votre roi...

« Mais pourquoi vous livreriez-vous à l'abattement? C'est au milieu des calamités que l'espérance chrétienne doit vous soutenir. Dieu est fidèle ; il ne permettra pas que vous soyez tentés au delà de vos forces. Dieu est bon ; il fera tourner toutes choses à sa gloire et à la félicité de ses enfants. Sa grâce vous soutiendra et sa vertu s'accomplira dans vos infirmités. »

Paul Rabaut demandait, en effet, aux protestants d'obéir plutôt à Dieu qu'aux hommes et de donner la preuve de cette obéissance, au mépris de tous les dangers, en célébrant le culte dans les assemblées du Désert. Il était persuadé que, plus elles seraient fréquentées, plus grande aussi serait l'hésitation des persécuteurs à les interdire. Quel culte dépassa jamais, dans sa simplicité comme dans son héroïque grandeur, celui du Désert? Le souvenir ne peut en être évoqué, sans faire naître le respect et l'admiration. Qu'ils sont grands ces héros inconnus qui savent que, surpris, les galères horribles les attendent, et qui cependant font monter vers le ciel le chant des vieux psaumes! Quelle prédication plus émouvante que celle du pasteur, alors que ses auditeurs savent que s'il est arrêté, l'infâme gibet lui est réservé et qu'à leurs foyers désolés, à voix basse, ils rediront la naïve complainte du martyre du prédicant du Désert!

L'ASSEMBLÉE DU DÉSERT

Paul Rabaut ne s'était pas trompé. Les assemblées se multipliaient aux portes mêmes de Nimes. « Vous verriez, écrivait-il à Antoine Court, se rendant à la place du Fort-de-Langlade, le long du chemin, une multitude étonnante de nos pauvres frères, la joie peinte sur leur visage, marchant avec allégresse vers la maison du Seigneur. J'ai été témoin de ce spectacle, et je vous avoue que je n'ai pu le voir sans en répandre des larmes de joie. »

Nous savons, par les récits du temps, la profonde impression que faisait naître sa prédication. Sa voix puissante se faisait entendre de tous. dans ces assemblées immenses qui réunirent parfois jusqu'à douze mille personnes. Il en appelait sans cesse à l'Ecriture sainte, la source la plus pure de l'éloquence religieuse. Mais c'était surtout par la prière qu'il gagnait les cœurs. Personne, a dit l'un de ses amis, n'a prié avec plus d'humilité, de ferveur et d'onction.

Le bon berger donne sa vie pour ses brebis ; cette touchante parole est l'image fidèle du ministère de l'apôtre du Désert. « En me destinant à exercer le ministère dans le royaume, écrivait-il à l'Intendant du Languedoc, je n'ai pas ignoré à quoi je m'exposais ; aussi me suis-je regardé comme une victime dévouée à la mort ». Celui qui, dès le premier jour, avait ainsi fait le sacrifice de sa vie ne pouvait être vaincu. Parfois cependant il connut les jours de la désespérance, car la persécution s'était réveillée si violente, qu'il put croire que l'Eglise succomberait de nouveau, comme au temps de la Révocation. Sa tête était mise à prix : « elle valait six mille livres naguère, disait-il, elle vaut maintenant vingt mille livres ». Il semblait alors que quitter la patrie, plutòt que de renoncer à la foi fut l'unique moyen de salut. Le gouvernement redouta une nouvelle émigration et arrêta des mesures persécutrices, mais si Paul Rabaut avait pensé un moment à l'exil, il y renonça : « Je suis trop attaché, disait-il, à la poussière de nos sanctuaires ». Il aurait pu rejoindre cependant ses trois jeunes fils qu'il avait envoyés en Suisse, dans la crainte de les voir arrêtés et enfermés dans un couvent. Comment ne pas admirer la grandeur d'âme de ce père, dont la vie n'est qu'un dur combat et qui souhaite avec ardeur que ses fils marchent sur ses traces et, comme lui, deviennent les serviteurs d'une Eglise persécutée ! Si noble fut l'exemple qu'il leur donna, qu'ils tinrent à honneur de le suivre. Il connut aussi les heures sombres des divisions entre les protestants, qui n'auraient jamais dû oublier les menaces d'un ennemi qui voulait leur ruine, et perdaient, dans des discussions intestines, les forces de la résistance, victimes de cet individualisme qui ne crée pas des individualités, mais fait naître l'esprit sectaire si contraire aux intérêts supérieurs de l'Eglise. Le mal lui parut si grand qu'il regretta l'absence d'une autorité assez forte pour assurer l'ordre en respectant la liberté. Mais jamais il ne cessa de faire œuvre de conciliation et de paix, dans les Synodes du Désert dont il fut si souvent le modérateur. Avec Saint Paul, il pouvait dire : Je suis assiégé par les soucis de toutes les Eglises. ne pensant qu'à les défendre et à multiplier les démarches en leur faveur. Il apprit que le ministre de la guerre devait venir à Nimes et voulut qu'à tout prix il fut exactement informé de la situation des protestants et de leurs incroyables malheurs. Il prépara un rapport dont les pages révélaient sa communion aux douleurs de son peuple. Mais quand il demanda que ce placet fût remis au puissant ministre, tous se récusèrent. Alors il décida que lui, le prédicant du Désert, se chargerait de la redoutable mission. « Je fus affligé au dernier point, écrivait-il à Antoine Court, de ne trouver personne qui voulût faire cette commission ; je résolus de l'exécuter moi-même, après avoir invoqué le Seigneur et m'être recommandé à sa protection ».

Paul Rabaut risquait sa vie, pouvant être arrêté sur l'heure. Il se plaça sur la route où devait passer le ministre. Quand sa voiture approcha, il s'avança et, à son appel, elle s'arrêta. Et alors s'engage ce simple et si émouvant dialogue. Présentant son mémoire, Paul Rabaut dit : « Ceux que regarde cette supplique osent se flatter qu'ils éprouveront les effets de cette générosité et de cette bonté qui caractérisent votre Excellence. »

— Comment vous appelez-vous ?

— Monseigneur, je suis Paul, à vous rendre mes devoirs.

— N'êtes-vous pas Paul Rabaut ?

— Je suis le même à vous rendre mes respects.

Le ministre, rendant hommage à un si noble courage, inclina la tête et la voiture repartit.

Rien ne pouvait le faire hésiter, alors que le devoir de défendre l'Eglise s'imposait à sa conscience. Que d'exemples ne pourrions-nous pas en donner! Mais en est-il un plus admirable que celui de son héroïque courage, dans la plus tragique des circonstances. L'un des plus nobles prédicants du Désert, Desubas, avait été arrêté ; sa condamnation était certaine. La révolte gronde, et des milliers d'hommes ont décidé de l'enlever mort ou vif pendant son transport de Nimes à Montpellier. Paul Rabaut a mesuré le terrible danger d'une telle révolte. Il se rend au milieu de cette multitude frémissante qui d'abord ne veut pas l'entendre, mais sa voix s'élève suppliante : « Ah, mes amis, que ce pasteur que vous voulez sauver et qui aurait donné sa vie pour vous, vous blâmerait de votre aveugle amour pour lui! » Il dit encore : « Si Dieu me destine une pareille fin, je vous en conjure, je l'exige de votre amour, laissez-moi mourir en paix. Que je ne sois pas la cause des pleurs que votre mort, pour me sauver, ferait verser à vos parents, à vos amis, et des calamités qui suivraient une telle révolte! »

Désarmée par de si touchantes paroles, la foule se retire. Mais cette affection si grande des fidèles pour leur pasteur était devenue sa meilleure sauvegarde. L'intendant du Languedoc savait que son arrestation provoquerait la plus redoutable des insurrections, mais il chercha les moyens de le forcer à quitter la province. S'attaquer à sa compagne, à cette admirable femme que Paul Rabaut appelait sa Rachel, lui parut le moyen le plus sûr de réussir dans cette indigne entreprise. Par trois fois, en pleine nuit, sa maison fut cernée et fouillée. Dans son effroi elle s'enfuit, errant de lieu en lieu. Rejoindrait-elle ses enfants en Suisse? telle était l'espérance de son persécuteur, assuré que Paul Rabaut ne tarderait pas à la suivre. Il se trompait, elle serait morte plutôt que de l'abandonner. Aussi le souvenir de Madeleine Gaidan est-il inséparable de celui du pasteur du Désert.

Mais Dieu avait choisi les choses faibles pour confondre les forts. Les jours vinrent où l'opinion publique s'étonna, pour s'indigner ensuite de la situation des protestants. La tolérance, précédant la liberté, vint récompenser leur héroïsme.

Le 8 juillet 1765 marque une grande date dans la vie de Paul Rabaut. Au Désert, il présente à l'Eglise de Nimes son fils aîné, qui devait devenir célèbre sous le nom de Rabaut Saint-Etienne. Lorsque le jeune pasteur se leva, à la demande de son père, pour prendre les engagements sacrés, une émotion si forte domina l'assemblée, que tous se levèrent pour contempler un spectacle d'une si rare beauté N'était-ce pas, en effet, pour la première fois en France, depuis un siècle de persécutions, qu'un père pouvait présenter son fils à l'Eglise, avec un sentiment de reconnaissance d'autant plus grand, que ce fils devenait son collègue dans le ministère sous la croix ?

* *

Les années se passèrent. Depuis un demi-siècle, Paul Rabaut était sur la brèche. La vieillesse était venue, ses forces déclinaient et, ne pouvant plus suffire à sa lourde tâche, il demanda au vénérable consistoire de Nimes de lui accorder « sa vétérance », comme on disait alors. Le 6 octobre 1785, dans une séance d'autant plus solennelle qu'elle évoquait l'anniversaire séculaire de la révocation de l'Edit de Nantes, les anciens de sa chère Eglise rendirent le plus touchant témoignage à leur vieux pasteur. Ils rappelèrent qu'aux jours des persécutions, ne cessant de soutenir le courage des fidèles par sa fermeté et sa constance, il avait été prêt, pour les défendre, à faire le sacrifice de sa vie. Ils louèrent son long ministère de charité, de conciliation, de paix qui lui avait gagné l'affection de tous ses paroissiens, en même temps qu'il avait

inspiré aux autorités royales l'estime et le respect
pour son noble caractère. Au défenseur de leurs
droits et de leurs libertés, dans une reconnaissance profonde, ils décernèrent le plus beau des
titres, vénérant en lui « l'apôtre et le restaurateur
de l'Eglise réformée de Nimes ». Qui peut douter
que, dans sa retraite, Paul Rabaut n'ait souvent
médité la parole apostolique : « Le Seigneur m'a dit :
ma grâce te suffit, car ma force s'accomplit dans
ta faiblesse ! » Maintenant, libérés de toute crainte
les fidèles pouvaient se réunir au Désert, alors
que, naguère, il n'avait pu présider ces saintes
assemblées qu'au péril de sa vie.

Il sembla alors que chaque année dût procla-
mer, pour le fidèle pasteur, une victoire de l'éternelle justice.

Il n'était pas de loi plus odieuse que celle qui
refusait de reconnaître la validité des mariages
bénis au Désert. On vit alors des milliers et des
milliers de Français, sans état civil dans leur
patrie, dont le seul crime était de ne pas avoir
voulu demander à l'Eglise de reconnaître leur
mariage. Ils avaient accepté cet opprobre, pour
eux comme pour leurs enfants, afin de maintenir,
au prix d'une vie crucifiée et méprisée, les droits
de la conscience.

Jamais Paul Rabaut n'avait cessé de protester
contre l'iniquité et l'indignité de cette législation
qui demeurait toujours en vigueur. Il trouva dans
son fils, Rabaut-Saint-Etienne, héritier de sa foi
et de son courage, le plus éloquent défenseur de
la plus juste des causes. Nulle récompense de ses
travaux ne pouvait lui être plus précieuse.

La Fayette, de passage à Nimes, avait voulu
témoigner son admiration et son respect au véné-

rable pasteur et lui avait promis d'unir ses efforts
à ceux de son fils, pour obtenir la fin de ce scan-
dale légal qui prétendait faire de l'Etat le maître
de la croyance religieuse. Il avait tenu noblement
sa parole en proposant, le 23 mai 1787, à l'assemblée des Notables, de supplier le roi d'accorder
l'état civil aux protestants. Ainsi fut obtenue la
promulgation de l'Edit de Tolérance, plus célèbre
que juste, car il n'accordait qu'un droit naturel, et
Rabaut-Saint-Etienne pouvait justement dire :
« Nous sommes Français comme vous, mais vous
l'aviez toujours oublié ».

Déjà se levait l'aurore de la liberté. Paul Rabaut
vit s'ouvrir cette année 1789, qui allait marquer
l'une des plus grandes dates de l'histoire de l'humanité, celle de la Révolution française. Par un
contraste saisissant, son noble fils, le prédicant
du Désert, naguère hors la loi, fut élu membre
des Etats-Généraux. La fermeté de sa pensée, la
clarté de ses idées, la puissance de ses raisons,
son éloquence le placèrent au premier rang.

Le 23 août de cette glorieuse année, Rabaut-
Saint-Etienne, représentant de ce peuple persécuté,
est à la tribune. On vient de parler de tolérer la
religion protestante. Il fait entendre sa protesta-
tion indignée et s'écrie : « Ce n'est pas la tolérance
que je réclame, c'est la liberté. La tolérance, le
support, le pardon, la clémence, idées souverai-
nement injustes envers les dissidents, tant qu'il
sera vrai que la différence de religion, que la différence d'opinion n'est pas un crime. La tolérance !
Je demande qu'il soit proscrit à son tour, et il le sera,
ce mot injuste qui ne nous présente que comme
des citoyens dignes de pitié, comme des coupables
auxquels on pardonne. L'erreur n'est point un

crime. Celui qui la professe la prend pour la vérité ;
elle est la vérité pour lui, il est obligé de la professer et nulle société, nul homme n'a droit de le
lui défendre. Je demande donc, pour les protestants
français, pour tous les non catholiques du royaume,
ce que vous demandez pour vous, la liberté, l'éga-
lité des droits. »

Entraînés et vaincus par cette puissante reven-
dication d'un droit sacré, les Etats-généraux décla-
rèrent que désormais nul homme ne pourrait être
inquiété pour ses opinions religieuses, ni troublé
dans l'exercice de son culte.

Le prédicant du Désert était vainqueur, et son
vénérable père, à la nouvelle de cette miraculeuse
victoire, comprit que se réalisait, dans toute sa
vérité, la sainte parole : Dieu a choisi les choses
faibles de ce monde pour confondre les forts.
Quelques mois plus tard, Rabaut-Saint Etienne
était appelé à la présidence de l'Assemblée nationale et adressait à son père une lettre où se trou-
vaient ces paroles si belles dans leur simplicité
comme dans leur grandeur : « Mon père, le président
de l'Assemblée nationale est à vos pieds et vous
salue. »

Est-il rien de plus émouvant, dans l'histoire
d'Athènes et de Rome, ou même dans nos propres
annales, a écrit un noble défenseur de la justice,
que l'image évoquée du vieux pasteur cévenol, qui
avait tant de fois exposé sa personne et qui, sur la
fin de sa vie, voyait se réaliser par son fils arrivé
aux plus hautes fonctions de l'Etat l'œuvre de libé-
ration si longtemps souhaitée sans espoir dans les
jours sombres de son ministère. (1)

---

(1) M. L. Trarieux.

Une dernière victoire devait, semblait-il, cou-
ronner la vie du serviteur de Dieu. Le dimanche
20 mai 1792, les protestants célébrèrent publique-
ment leur culte dans la ville de Nimes, culte qui
était proscrit depuis plus d'un siècle. Profonde fut
l'émotion, quand Paul Rabaut se leva pour prononc-
cer la prière de dédicace de ce temple qui prouvait
à tous les yeux la fin des persécutions ; plus profonde encore fut l'émotion quand, à la fin du service, le vieux pasteur se leva encore pour dire le
cantique de Siméon : « Laisse maintenant, Seigneur, aller ton serviteur en paix ! » Il ne devait pas
en être ainsi. 1793, la terrible année, déchaîna la
Terreur, et Paul Rabaut apprenait la mort héroïque
de Saint-Etienne, victime des fureurs jacobines et
que ses deux frères, menacés du même sort, étaient
décrétés d'accusation. Le jour vint où les terroristes
voulurent le sommer, sous peine de la vie, de
renier sa foi en renonçant à son titre de pasteur.
Mais celui qui, aux jours de sa jeunesse avait
regardé en face le gibet réservé aux prédicants du
Désert, entendait ne pas déshonorer ses cheveux
blancs devant l'échafaud révolutionnaire. Arrêté,
ses infirmités ne lui permettant pas de marcher, il
fut conduit, monté sur un âne, au fort de Nimes.
D'un calme imperturbable, il ne témoignait une
inquiétude que pour ses enfants et pour les captifs
qui partageaient son sort, qu'il consolait et soute-
nait par son exemple. La réaction de Thermidor le
sauva, mais il ne devait pas survivre longtemps
à une si cruelle épreuve. Le 25 septembre 1794,
Paul Rabaut « s'endormait avec ses pères » ; il
allait atteindre sa soixante-dix-septième année.
Il fut enseveli dans la cave de sa demeure qui
est devenue la maison des orphelines du Gard,

et sur sa tombe se lit cette inscription d'une grande
beauté :

PAUL RABAUT
L'APOTRE DU DÉSERT
Né à Bédarieux
le 29 Janvier 1718
Décédé à Nimes
le 25 Septembre 1794

« Il se repose de ses travaux
et ses œuvres le suivent. »

(*Apoc.* xiv. 13.)

* *

Pourquoi aurions-nous revécu dans ce grand
passé, si nous ne devions pas en méditer les enseignements d'autant plus nécessaires que les circonstances de ce temps sont plus tragiques. Le doute
n'est pas permis, ce n'est pas seulement notre
France, mais c'est l'Europe, mais c'est l'humanité
qui sont en proie à une révolution telle que l'histoire n'en connut jamais de semblable. C'est ici
le jour de la suprême défaite de toutes les auto-
craties et de la victoire de toutes les démocraties.
Des voies nouvelles s'ouvrent devant nous. Si
grandes que puissent être les craintes, les domi-
nant par la foi, nous devons redire la sublime affir-
mation du Psalmiste : Dieu règne.

Je n'aurais pas ressuscité le Désert qui proclame
le règne de Dieu, s'il n'était pas le plus sûr garant de
nos destinées. L'avenir n'est à personne, a dit le
poète, l'avenir est à Dieu ; mais c'est de la justice
du passé que naît la justice de l'avenir. Quel
exemple nous ont légué nos pères, acceptant la
lutte dans de telles conditions qu'à vues humaines

non pas leur défaite, mais certaine était leur ruine!
Il est arrivé que toutes les prévisions des puissants de ce monde furent déjouées, tous les dangers
conjurés, tous les obstacles renversés, et que cette
Eglise, objet de tant de haines et de mépris, fut
rétablie dans ses droits et dans ses libertés. Qui
ne verrait, dans une si merveilleuse victoire, la
protection divine? Qui pourrait douter des destinées des Eglises qui la remportèrent?

Nous n'ignorons rien des dangers qui menacent
aujourd'hui nos Eglises. Ne pas les reconnaître
serait la plus grave des erreurs, mais croire qu'ils
ne pourront être surmontés serait la plus grande
des faiblesses.

Au soir de ma vie, dans la sincérité de la conscience, en appelant à de longues études et à de
constantes réflexions, j'affirme que, si malgré les
plus violentes des persécutions, victorieuses de
tant de souffrances et d'épreuves, nos Eglises
n'ont pas disparu dans la tourmente, c'est que leur
mission n'a pas pris fin, et que celui qui sait choisir les choses faibles pour confondre les fortes
leur réserve une grande œuvre à accomplir.

Ne dites pas que nous ne sommes qu'une faible
minorité dans la foule immense, que toute lutte est
impossible et que résister à une si formidable
pression serait déjà une victoire.

Ne regardons pas au nombre, mais à la vérité.
Saint Paul était seul à Athènes annonçant le Dieu
inconnu aux Grecs railleurs, mais la sagesse de la
Grèce a été confondue par la folie de la Croix. A
nous de prendre conscience de la crise profonde
des esprits, pour mieux comprendre et la grandeur
de nos devoirs et la grandeur de nos privilèges!

Que le doute mortel ne domine pas nos âmes!

Héritiers de la Réforme, descendants de ces héros qui s'étaient apprivoisés à la mort, et que ni l'exil, ni le fer, ni le feu n'avaient pu étonner, notre devoir est, poursuivant sans défaillance leur apostolat, d'assurer la victoire de l'esprit de foi et de liberté qui les guidait.

A nous de prouver que, dans notre France, existe une Eglise, étrangère à la politique, respectueuse des croyances, hostile à l'intolérance et pour laquelle la religion est le culte de l'âme!

A nous de déclarer au monde que le christianisme, par la simplicité et la pureté de l'Evangile, répond à toutes les aspirations de l'âme humaine, la conduisant, dans le respect de sa liberté, à cette éternelle vérité dont Dieu est le seul maître!

A nous, dans la crise de ce siècle, d'offrir un asile à ceux si nombreux qui ne veulent pas attendre le salut de l'infaillibilité d'un prêtre, ou se refusent à croire que de la science et de la raison peut dépendre la réponse au problème de la destinée humaine!

A nous tous, au pauvre comme au riche, au plus humble comme au plus élevé, à l'exemple de nos ancêtres, en tout temps, en tout lieu, par nos actes comme par nos paroles, de ne point avoir honte de l'Evangile de Jésus-Christ, en affirmant que le protestantisme est la religion des temps modernes! (1)

Religion de la conscience, ne voulant reconnaître d'autre autorité que la parole du Sauveur du monde, conscience de notre conscience.

Religion de l'Esprit, de cet Esprit qui rend

____

(1) Samuel Vincent.

témoignage à notre esprit, que nous sommes enfants de Dieu ; religion de l'Esprit qui, dans sa
noble indépendance, sonde tout, même les profon-
deurs de Dieu.

Religion de liberté, ennemie de toùtes les licen-
ces, respectueuse de toutes les autorités humaines,
mais sans jamais s'y asservir.

Religion de progrès, répudiant tout conflit entre la science, et la foi et applaudissant aux recher-
ches de la science et à ses conquêtes.

Sur toutes choses, religion de l'amour, compre-
nant les douleurs humaines et compatissant à
toutes les misères, pour les secourir sans les hu-
milier. Qui de nous oserait croire ou dire qu'une
Eglise, riche de si grandes richesses spirituelles,
est sans avenir dans notre patrie ?

Une dernière fois j'évoque devant vous le souvenir
de l'Apôtre du Désert, serviteur d'une Eglise souf-
frante, humiliée, persécutée, qui remporte l'une des
plus grandes victoires du monde, assurant le triom-
phe de la liberté religieuse pour vous dire : A Dieu
ne plaise que nous abandonnions l'héritage de nos
pères ! Nous le maintiendrons. Mais si parfois la
crainte venait troubler nos âmes, alors nous nous
souviendrions des paroles sacrées que nos ancêtres redirent souvent dans les ténèbres de la nuit
et de la persécution : Ne crains point petit trou-
peau, car il a plu au Père de vous donner le
royaume ! Et Dieu saurait choisir encore les choses
faibles, suivant le monde, pour confondre les
forts.

Le Comité de la Société de l'Histoire du Protestantisme français a adressé à MM. les pasteurs des Eglises protestantes de France la lettre suivante :

Monsieur et honoré Pasteur,

A la date du 29 janvier 1918, deux siècles se seront écoulés depuis le jour où naissait à Bédarieux Paul Rabaut qui fut l'apôtre du Désert. Vous penserez avec nous que nos Eglises ne sauraient laisser passer un tel anniversaire, sans évoquer, dans un sentiment de piété et de reconnaissance, le souvenir du pasteur qui, pendant plus d'un demi-siècle, se dévoua, avec un zèle admirable, à la restauration du protestantisme français.

Dans les temps si sérieux que nous traversons, méditer les enseignements que donne la vie du pasteur du Désert est un privilège. A son exemple, nous affirmerons notre foi inflexible à la victoire de la justice, prêts à tous les sacrifices pour la défense de la plus sainte des causes.

Il est de notre devoir, fidèles à l'esprit de la Réforme française, esprit de foi et de liberté, de recevoir les leçons de son histoire, révélatrice des vertus de nos ancêtres. Nous avons le droit d'être fiers d'un si grand passé, mais, pour en continuer les nobles traditions, devons-nous, du moins, en garder précieusement le souvenir.

Aussi, obéissant au précepte apostolique qui nous recommande de nous « souvenir de nos conducteurs qui nous ont annoncé la parole », nous vous prions d'honorer la mémoire de Paul Rabaut dans les services religieux du 27 janvier. Vous voudrez associer la jeunesse de votre Eglise à cette commémoration, en la faisant ainsi revivre dans ces jours héroïques où nos Eglises étaient sous la croix.

C'était une pieuse coutume en Israël, au jour de la délivrance, en témoignage de reconnaissance envers Dieu, d'élever une pierre, *Eben-Hézer*, qui proclamait le secours de l'Eternel.

Nous voudrions affirmer notre reconnaissance en élevant, à côté du Musée du Désert, un temple qui sera notre *Eben-Hézer*, temple élevé à la gloire de Dieu. mais qui perpétuera aussi la mémoire des pasteurs et des fidèles du Désert.

Cette œuvre de piété est déjà commencée, vous voudrez vous associer à nous pour la terminer, en recommandant, le dimanche 27 janvier, une œuvre digne des sympathies de tous les protestants de France. Nous ne voulons pas douter que si vous soumettez une telle demande aux vénérables membres du Conseil presbytéral de votre Eglise, ils ne l'accueillent avec une particulière bienveillance.

Croyez, Monsieur et honoré Pasteur, à nos sentiments les plus dévoués.

Au nom du Comité de la Société
de l'Histoire du Protestantisme français

FRANK PUAUX,
président.

Les moindres dons en faveur du temple seront reçus avec reconnaissance par le dévoué conservateur du Musée du Désert, **M. Edmond Hugues,** *préfet honoraire*, à ANDUZE (*Gard*), qui, à notre prière, a bien voulu se charger d'en accuser réception. Une notice illustrée sur le Musée du Désert sera envoyée à tout souscripteur.

Paris. — Imprimerie Nouvelle (Association ouvrière) 11, rue Cadet. A. Mangeot, directeur. — 251-18.

CÉLÉBRATION DU DEUXIÈME CENTENAIRE

DE LA NAISSANCE DE PAUL RABAUT

M. DARDIER, le savant pasteur de Nîmes, a publié une œuvre d'un grand intérêt consacrée à la mémoire de Paul Rabaut. Il a recueilli un nombre considérable de lettres de l'Apôtre du Désert qu'il a éditées en les accompagnant de notes explicatives d'une érudition remarquable.

Cet important ouvrage ne compte pas moins de quatre volumes dont voici la nomenclature :

1° *Les Lettres de Paul Rabaut à Antoine Court* (1739-1755). — Dix-sept ans de la vie d'un Apôtre du Désert, avec notes, portrait et autographe. 2 forts volumes in-8°, 1886 ;

2° *Les Lettres de Paul Rabaut à divers* (1744 à 1794), avec notes et pièces justificatives. 2 forts volumes in-8°, 1891.

A l'occasion du bicentenaire de Paul Rabaut la librairie FISCHBACHER disposant encore de quelques exemplaires de l'œuvre de M. DARDIER les offre, rendus *franco*, au prix réduit de 15 francs, au lieu de 3o francs, les quatre volumes.

SCEAU DES ÉGLISES DU DÉSERT